LA BATALLA DE FRANCIA

La Blitzkrieg y el inicio de la ocupación alemana

Por Vincent Straga
En colaboración con Antoine Baudry
Traducido por Laura Bernal Martín

Historia en50MINUTOS.es

LA BATALLA DE FRANCIA

DATOS CLAVE

- **¿Cuándo?** Del 10 de mayo al 22 de junio de 1940.
- **¿Dónde?** En Bélgica, en los Países Bajos, en Luxemburgo y en Francia.
- **¿Contexto?** La Segunda Guerra Mundial (1939-1945).
- **¿Beligerantes?** Francia, Gran Bretaña, los Países Bajos y Bélgica contra Alemania.
- **¿Actores principales?**
  - Gerd von Rundstedt, general alemán (1875-1953).
  - Heinz Guderian, general alemán (1888-1954).
  - Maxime Weygand, general francés (1867-1965).
- **¿Resultado?** Victoria alemana.
- **¿Víctimas?**
  - Bando francés: unos 58 829 muertos y 123 000 heridos.
  - Bando británico: unos 3500 muertos y 13 600 heridos.
  - Bando neerlandés: unos 2890 muertos y 6889 heridos.
  - Bando belga: unos 7500 muertos y 15 850 heridos.
  - Bando alemán: unos 27 074 muertos y 111 034 heridos.

INTRODUCCIÓN

El objetivo que persiguen los alemanes en la batalla de Francia, considerada la segunda operación terrestre más importante de la Segunda Guerra Mundial y que se desarrolla entre el 10 de mayo y el 22 de junio de 1940, es invadir Francia, Bélgica, los Países Bajos y Luxemburgo. La contienda enfrenta a las fuerzas de la Alemania de Adolf Hitler (1889-1945) —apoyadas por Italia a partir del 10 de junio— contra Francia y Gran Bretaña (los Aliados), a los que se les suman Bélgica, los Países Bajos y las fuerzas libres polacas y checoslovacas.

El enfrentamiento desemboca en un auténtico desastre militar para Francia, que es derrotada por una Alemania que ha desarrollado una nueva y devastadora estrategia militar: la guerra relámpago (*Blitzkrieg*). Las consecuencias, además de trágicas, son numerosas: los vencedores ocupan Bélgica, los Países Bajos, Luxemburgo y casi la mitad de Francia —París incluida—, mientras que Gran Bretaña se queda aislada y se convierte en un objetivo evidente para una invasión alemana. Además, en agosto habrá otro enfrentamiento: la batalla de Inglaterra. Finalmente, la desaparición de la democracia en Francia, en Bélgica y en los Países Bajos marca en inicio de los regímenes de colaboración, como el de Vichy —dirigido por el mariscal de Francia Philippe Pétain (1856-1951)—, así como el nacimiento de la Resistencia, que se organiza rápidamente en todos los países ocupados con el objetivo de combatir a la Alemania nazi.

CONTEXTO POLÍTICO Y SOCIAL

EL ORIGEN DE LA SEGUNDA GUERRA MUNDIAL

Del Tratado de Versalles (1919) a los Acuerdos de Múnich (1938)

Las raíces de la batalla de Francia se remontan a la posguerra y, más en concreto, a 1919. El objetivo del Tratado de Versalles es reestablecer la paz y definir las sanciones contra Alemania, considerada responsable del primer conflicto mundial. Sin embargo, esta última lo considera una humillación, ya que marca el fin del Imperio alemán —que se convierte en la República de Weimar— y le arrebata su situación de predominancia en Europa central y occidental. En concreto, la atribución de la ciudad de Danzig a Polonia, que separa Prusia oriental del resto del territorio, supone un duro golpe para los nacionalistas alemanes. El 1 de septiembre de 1939, Alemania invade Polonia, marcando el inicio de la Segunda Guerra Mundial.

La pérdida de poder de Alemania, golpeada también por la inflación de los años 1923-1924 y por la crisis económica de 1929, permite a Adolf Hitler acceder progresivamente al poder con un partido nacionalsocialista de extrema derecha (el Partido Nacionalsocialista Obrero Alemán o Partido Nazi). En 1933 es elegido canciller y, un año más tarde, presidente. Entonces comienza su política racista, antidemocrática y militarista. La estrategia de Adolf Hitler para el año 1939 es acabar con los acuerdos del Tratado de Versalles y vengarse de Francia, juzgada responsable de la derrota alemana. Para lograrlo, decide aliarse con la Italia fascista de Benito Mussolini (1883-1945) y firma con el Duce el Pacto de Acero.

¿SABÍAS QUE...?

El Pacto de Acero (22 de mayo de 1939) marca la unión militar entre Italia y Alemania. Esta alianza estratégica permite a la primera salir de su aislamiento político y a la segunda distanciar a Italia de Francia. Así, Adolf Hitler desea tener campo libre en Austria y evitar una posible guerra en dos frentes. Este acuerdo sella la unión de las fuerzas del Eje Roma-Berlín, decidida en secreto en 1936.

Además, la empresa de Hitler se ve facilitada por la debilidad de Francia y de Gran Bretaña, que quieren evitar a toda costa un nuevo conflicto europeo. Ambas potencias occidentales siguen sin ver la política racista, xenófoba y totalitaria del Tercer Reich y dejan al Führer deshacerse de aquellos a los que juzga inferiores y de sus adversarios políticos. Además, París y Londres no reaccionan ante la remilitarización de Renania (región situada al este del Rin), una cláusula de importancia capital del Tratado de Versalles en la medida en que garantiza la seguridad del país galo. Por último, permanecen inmóviles ante el rearme masivo de Alemania, que viola de nuevo los acuerdos del tratado. La debilidad de Francia y de Reino Unido también le permite al Tercer Reich concretar sus deseos expansionistas y, a partir del 7 de marzo de 1936, la Wehrmacht (el ejército alemán) ocupa Renania, una zona desmilitarizada desde la firma del Tratado de Versalles. Unos días más tarde, Adolf Hitler anexiona Austria a Alemania durante la Operación Anschluss. Pero la crisis checoslovaca de 1938 deja vislumbrar a Europa las ambiciones bélicas del régimen alemán, que desea anexionarse las regiones en las que viven los sudetes (los alemanes de Bohemia). Efectivamente, esta crisis podría afectar a todo el continente, especialmente porque Francia, vinculada a Praga por una alianza militar, comienza a movilizar a sus tropas. Para evitar la guerra, Adolf Hitler propone una mediación con el asesoramiento de Benito Mussolini.

refugiarán en la nueva República Federal Alemana.

En este contexto, Alemania se reúne los días 29 y 30 de octubre de 1938 en Múnich con Italia, el Reino Unido y Francia para negociar un tratado. No obstante, hay que señalar que se excluye de las negociones a Checoslovaquia, a pesar de que el tema le incumbe directamente. Para evitar la guerra, Édouard Daladier (político francés, 1884-1970) y Joseph Chamberlain (político británico, 1836-1914) sacrifican Checoslovaquia, que debe aceptar la situación a regañadientes. Las consecuencias para este país son graves: no solo ve cómo una parte de sus regiones se anexionan a Alemania, sino también a Polonia y a Hungría. En marzo de 1939, Adolf Hitler invade el resto del país, del que solo quedará el Protectorado de Bohemia y Moravia y el Estado eslovaco, creados por el Tercer Reich.

Adolf Hitler, que confía en su propia fortaleza y en la debilidad de sus adversarios, sabe que ahora puede ir un paso más allá en su política extranjera.

EL ESTALLIDO DE LA SEGUNDA GUERRA MUNDIAL

La campaña de Polonia

El 23 de agosto de 1939, Alemania y la URSS de Joseph Stalin (1878/1879-1953) firman un pacto de no agresión que priva a las potencias occidentales de su último aliado posible en el este y que le garantiza al ejército alemán no tener que luchar en dos frentes al mismo tiempo, algo que les hizo pagar un alto precio durante la Primera Guerra Mundial (1914-1918). Además, los soviéticos suministran a los alemanes numerosas materias primas que estos últimos necesitan para iniciar una guerra. A partir de ese momento, los obstáculos y los límites desaparecen ante los deseos expansionistas de un Tercer Reich que desea conquistar territorios que considera necesarios para su supervivencia y, el 1 de septiembre de 1939, Alemania invade Polonia. Para explicar esta actitud belicosa, la Waffen-SS (brazo militar de las SS) orquestó el día anterior un falso ataque por parte de los polacos sobre la ciudad de Gleiwitz. La operación, preparada por Heinrich Himmler (político alemán, 1900-1945), consistía en hacer que una docena de hombres procedentes de un campo de concentración y con uniforme polaco atacaran una emisora de radio. A cambio, estos esperaban ser liberados, sin saber que lo que les esperaba era la muerte.

La respuesta a este ataque no se hace esperar: Francia y Gran Bretaña deciden reaccionar con firmeza y le declaran la guerra a Alemania: la Segunda Guerra Mundial acaba de comenzar.

<u>**¿SABÍAS QUE...?**</u>

El año 1939 está marcado por el esfuerzo que realizan ambos bandos por acercarse a la URSS. La Francia de Édouard Daladier y la Inglaterra de Joseph Chamberlain quieren estrechar lazos con Joseph Stalin para obligar a Alemania a luchar en dos frentes. Sin embargo, la debilidad militar de los Aliados se suma a otras complicaciones, como el rechazo por parte de Polonia a que el Ejército Rojo atraviese su territorio, lo que incita a la URSS a aceptar el pacto de no agresión que le propone Joachim von Ribbentrop (1893-1946), el ministro de Asuntos Exteriores del Tercer Reich.

Este pacto también comprende una alianza de ambos países para repartirse Europa oriental y los países bálticos. De esta forma, la firma del acuerdo decide la suerte de Polonia.

La campaña de Polonia (del 1 de septiembre al 6 de octubre de 1939) supone un verdadero triunfo para la Wehrmacht. Un ejército alemán reorganizado y modernizado vence a las tropas polacas, que luchan con valentía pero que cuentan con un equipamiento demasiado obsoleto en comparación con el alemán. Como consecuencia, Francia e Inglaterra decretan un embargo marítimo sobre todo producto que tenga que llegar a territorio alemán. Sin embargo, la respuesta terrestre es mucho más débil, ya que la movilización se lleva a cabo con lentitud y solo una parte del ejército francés está disponible a principios del mes de septiembre. A pesar de todo, el 7 de septiembre el Estado Mayor francés decide lanzar una ofensiva en el Sarre (norte de Lorena) contra la línea fortificada alemana del Westwall («muro del oeste»). Sin embargo, esta operación apenas cumple algunos objetivos y el ejército francés, que teme un enfrentamiento directo con la Wehrmacht, pone fin a su ataque el 28 de septiembre.

La guerra de broma y las primeras ofensivas

Entre octubre de 1939 y el 10 de mayo de 1940 se desarrolla

la guerra de broma (también llamada «drôle de guerre») en el frente franco-alemán. Los soldados de ambos bandos se atrincheran en sus respectivos sistemas fortificados: la línea Maginot (bando aliado), y la Westwall o línea Sigfrido (bando alemán). No se ha previsto ningún ataque sobre el frente alemán, por lo que Alemania puede armarse y preparar sus planes de ataque.

Sin embargo, en el norte de Europa los combates siguen causando estragos, especialmente en Escandinavia. El ejército alemán invade Dinamarca y Noruega, ambos neutros, para garantizarse el suministro de carbón.

Por otra parte, a la Marina alemana le interesan especialmente los puertos noruegos, que podrían servir de base para la Kriegsmarine (la marina de guerra alemana). Además, Noruega constituye una base aérea de calidad contra los posibles adversarios del Tercer Reich. En este sentido, Adolf Hitler logra un nuevo éxito: la Luftwaffe (la aviación militar alemana) demuestra su superioridad en Europa y domina a la Royal Navy inglesa, considerada la mejor flota del mundo.

Sin embargo, el 10 de mayo de 1940, Alemania revela su verdadero rostro a Europa occidental: pasa a la ofensiva e invade Bélgica, los Países Bajos y Luxemburgo para trasladar a sus ejércitos a Francia. El plan alemán, que consiste en atraer a las fuerzas armadas aliadas a Bélgica y después rodearlas atravesando el norte de Francia, es concebido por el general Erich von Manstein (1887-1973), que unos años más tarde alcanzará la fama en la URSS debido sobre todo a la batalla de Kursk. Esta táctica se conoce como el Plan Amarillo o «golpe de hoz». Para el Tercer Reich, los desafíos

de la batalla son claros: el país tiene que vengar la humillación sufrida con el Tratado de Versalles y garantizar la predominancia de Alemania en Europa. Como consecuencia, la
batalla de Francia debe proporcionarle a la Wehrmacht los
medios para vencer a Gran Bretaña.

Francia y Gran Bretaña —a las que se suman Bélgica y los
Países Bajos a partir del 10 de mayo— también tienen
claros sus objetivos: detener a Adolf Hitler y destruir su

régimen nacionalsocialista para garantizar la seguridad de Europa. Asimismo, los Gobiernos francés y británico desean restaurar los países divididos por el Tercer Reich (Polonia y Checoslovaquia) y liberar los que se encuentran bajo ocupación enemiga. Sin embargo, los recuerdos trágicos de la Primera Guerra Mundial todavía están muy presentes. Por ello, la estrategia del ejército francés —que, con unas 90 divisiones constituye con diferencia la fuerza aliada más importante— consiste en posicionarse a la defensiva, algo que la línea Maginot ilustra a la perfección. Por desgracia, el desarrollo del conflicto mostrará que los ejércitos aliados no están preparados para plantarle cara a Alemania.

GERD VON RUNDSTEDT, GENERAL ALEMÁN

Fotografía de Gerd von Rundstedt.

Gerd von Rundstedt nace en 1875 en el seno de una importante familia aristocrática prusiana. A los 18 años comienza su carrera en el Ejército y, unos años más tarde, participa en la Primera Guerra Mundial.

Von Rundstedt dirige al Grupo de Ejércitos A durante la campaña de Francia, la punta de lanza de la Wehrmacht, compuesto por 45 divisiones —7 de ellas blindadas— frente a las 10 del ejército alemán. Su tarea es derrotar las líneas francesas en el Mosa para permitir rodear a las fuerzas enemigas siguiendo el plan del «golpe de hoz». La maniobra es todo un éxito: los blindados alemanes rompen las defensas francesas y, a partir del 15 de mayo, aprovechan la ocasión para avanzar. El 24 de mayo, los blindados de la 2.ª División llegan a la costa francesa cerca de Boulogne. Sin embargo, el Estado Mayor teme un contrataque y los blindados reciben la orden de detener su avance. Además, la infantería no consigue desplazarse tan rápido como los blindados y estos quedan desprotegidos. Esta decisión le permite a los Aliados reembarcar a sus tropas en los puertos de Dunkerque gracias a la Operación Dinamo. Tras esta pausa, el Grupo de Ejércitos A retoma la ofensiva e invade el territorio francés, consiguiendo un nuevo éxito.

A continuación, participa en numerosas campañas de la Wehrmacht, entre ellas la Operación Barbarroja, cuyo objetivo es invadir la URSS a partir del 22 de junio de 1941. Tras este episodio, Gerd von Rundstedt, que ahora posee el rango de mariscal, recibe el mando del frente oeste en Francia. Sin embargo, no logra detener el desembarco aliado del 6 de junio de 1944 y debe replegarse a Alemania. Dirige la contraofensiva en las Ardenas en diciembre de 1944, pero es derrotado por los ejércitos anglo-americanos. Tras la capitulación alemana es recluido en Núremberg, en Londres y más tarde en Hamburgo. Se jubila y finalmente se instala en la ciudad de Hannover, en la que muere en 1953.

HEINZ GUDERIAN, GENERAL ALEMÁN

Fotografía de Heinz Guderian.

Heinz Guderian nace en 1888 en una antigua familia militar prusiana, y es considerado el padre del ejército blindado alemán de la Segunda Guerra Mundial. Gracias a sus escritos y a su actividad durante el período de entreguerras (1919-1939) se teorizan los principios y las características de los futuros blindados alemanes, así como su uso en los combates, algo que hará posible la estrategia alemana de la *Blitzkrieg*.

Durante la batalla de Francia, Heinz Guderian lidera el 19.º Cuerpo del Ejército, encargado del esfuerzo principal en dirección al Mosa, entre Monthermé y Sedán (municipios franceses), y el avance de sus divisiones blindadas es fulgurante. A partir del 13 de mayo, las tropas alemanas rompen las líneas francesas y atraviesan el Mosa. La velocidad de los Panzer es tal que impresiona hasta al propio Estado Mayor alemán. A partir del día 16, la cabeza de puente en el Mosa está bien establecida y los alemanes pueden comenzar a avanzar hacia los puertos franceses. Heinz Guderian, que sigue de cerca el avance, ordena a sus hombres que continúen sin preocuparse por lo que ocurre a su alrededor y que aprovechen así la confusión de los ejércitos franceses. La empresa supone un nuevo éxito a pesar de los contrataques desordenados de los Aliados. El papel del general durante esta fase es esencial: desobedeciendo las órdenes de sus superiores, que le piden repetidamente que se detenga, continúa con la ofensiva y, sin ayuda de la infantería, logra poner en una delicada situación al ejército francés. Durante la segunda fase de la batalla, tras el reembarque en Dunkerque, Heinz Guderian y sus blindados consiguen otras muchas victorias. Sus divisiones blindadas atraviesan el Aisne, se abaten sobre los últimos ejércitos franceses presentes tras la línea Maginot y se dirigen con fuerza hacia los Alpes. El general, siempre lleno de energía y mostrándose muy combativo, sigue a sus Panzer a bordo de un vehículo de mando repleto de material radiofónico. Así, consigue estar en constante comunicación con sus tropas y con la Luftwaffe, que les presta apoyo aéreo.

El resto de su carrera también está plagado de éxitos. En la URSS dirige al Segundo Ejército Panzer, que logra llegar a las puertas de Moscú en diciembre de 1941 antes de ser detenido por el Ejército Rojo. Más tarde, se convierte en inspector general de los blindados y, a partir del verano de 1944, es responsable de todo el frente este. Adolf Hitler, con el que suele tener altercados, le destituye de su puesto en 1945. El 10 de mayo de ese mismo año es detenido por los estadounidenses, y el 17 de junio de 1948 es puesto en libertad. Muere en Baviera en el año 1954.

MAXIME WEYGAND, GENERAL FRANCÉS

Fotografía de Maxime Weygand.

El 17 de mayo de 1940, el jefe de Gobierno francés Paul Reynaud (1878-1966) despide al generalísimo Georges Gamelin (1872-1958) y nombra en su lugar a Maxime Weygand, que cuenta con un gran renombre en el ejército francés como brazo derecho del mariscal de Francia Ferdinand Foch (1851-1929) y como cofirmante del armisticio durante la Primera Guerra Mundial.

La tarea de Maxime Weygand no es sencilla: tiene que intentar salvar al ejército francés del desastre que le amenaza. El nuevo generalísimo, un adusto y despierto nacionalista, se mantiene optimista y enseguida sube la moral del Estado Mayor francés. Sin embargo, los contrataques de los ejércitos aliados en Bélgica, ordenados según un plan trazado por él mismo, fracasan y no logran impedir el reembarque de las fuerzas franco-británicas en Dunkerque. Tras este fracaso, Maxime Weygand intenta reconstituir una línea de defensa a lo largo del Somme y del Aisne, al tiempo que le comunica al Gobierno que la situación es crítica. Después de más de una semana de duros enfrentamientos, el ejército alemán se impone a esta última resistencia del ejército francés y los Panzer avanzan a toda velocidad por el Hexágono. El ejército francés está destrozado y el Gobierno debe encontrar la manera de parar el conflicto. Entonces, el generalísimo se acerca al bando del mariscal Philippe Pétain y preconiza el armisticio político, que finalmente se cierra el 22 de junio de 1940 en Rethondes en el mismo vagón en el que el mariscal Ferdinand Foch había firmado el armisticio el 11 de noviembre de 1918.

El general Weygand continúa su trayectoria en el Gobierno de Vichy, donde ocupa cargos de importancia. Es un ferviente cristiano y un enemigo de la Tercera República, y cree que es necesario que Francia se transforme. Sin embargo, se muestra hostil a cualquier colaboración con el Tercer Reich. En 1942 es detenido por los alemanes, y más tarde, tras la liberación de Francia, es puesto en libertad y reenviado a este país. Hostigado durante algún tiempo debido a sus actividades en Vichy, en 1948 se le declara libre de toda responsabilidad. Muere en París en el año 1965.

ANÁLISIS DE LA BATALLA

TÁCTICAS Y PLANES DE ATAQUE

El 10 de mayo de 1940 marca el inicio del conflicto entre las fuerzas en presencia. Para evocar con exactitud las operaciones militares que se desarrollan hasta el 22 de junio es necesario explicar los planes de guerra de los Estados Mayores.

El del bando alemán se llama Plan Amarillo o «golpe de hoz» y comprende dos fases sucesivas:

- un grupo de ejércitos alemán, el Grupo B, que comprende a la mayor parte de las fuerzas blindadas, penetra primero en Bélgica y en los Países Bajos para atraer a las principales fuerzas francesas y británicas a estos países. De esta manera, los alemanes desean confundir a los ejércitos aliados con una réplica de su plan de 1914, el Plan Schlieffen;
- en paralelo al desarrollo de esta operación, otro grupo de ejércitos, el Grupo A —dirigido por el general Gerd von Rundstedt— debe atravesar las Ardenas y cruzar el Mosa en la región de Sedán, Dinant y Monthermé, situada entre las fuerzas militares aliadas en Bélgica y la línea Maginot. A partir de ahí, las tropas alemanas deben llegar al mar del Norte para rodear a las fuerzas aliadas.

En el bando aliado, el plan de ataque recibe el nombre de maniobra Dyle-Breda. Su objetivo es frenar la invasión de Bélgica prevista por las fuerzas alemanas —los Aliados se han enterado del proyecto tras el aterrizaje forzoso de un avión enemigo—. Para lograrlo, la Fuerza Expedicionaria Británica (BEF, por sus siglas en inglés) y las mejores divisiones francesas deben atravesar la frontera y ayudar a los ejércitos belgas y neerlandeses en retirada en el Dyle (Bélgica) y en Breda (los Países Bajos). Al reunir estas fuerzas, los

Aliados restablecerán el equilibrio con el ejército alemán y podrán lograr que fracase en Bélgica. Después, el generalísimo Georges Gamelin prevé una ofensiva en el Mosa y en el Mosela para acorralar a la Wehrmacht. Sin embargo, el sur de Bélgica y la frontera franco-belga están controladas en estos puntos por dos ejércitos menores, ya que el Estado Mayor francés da equivocadamente por hecho que el macizo de las Ardenas es impracticable para las fuerzas blindadas alemanas.

Más allá de la frontera belga se dibuja la línea Maginot y sus numerosos fuertes, que deben frenar toda ofensiva alemana. El plan aliado presenta muchas flaquezas:

- las reservas para apoyar a los ejércitos del frente belga son escasas;
- las fuerzas blindadas francesas, a pesar de ser más numerosas y de mejor calidad que las de sus adversarios, están mal organizadas y diseminadas por el frente;
- la comunicación entre los ejércitos belgas y neerlandeses no es buena.

¿SABÍAS QUE...?

La estrategia militar del ejército francés durante el período de entreguerras sufre profundas transformaciones. El análisis de la Primera Guerra Mundial lleva al Gobierno y al Estado Mayor francés a considerar que el principio ofensivo, privilegiado de 1914 a 1918, ya no es aplicable. Ahora, el ejército francés debe actuar a la defensiva: es el nacimiento del proyecto de cons-

trucción de una línea de fortificaciones a lo largo de
las fronteras del país —la llamada línea Maginot, que
toma su nombre del ministro de Guerra francés André
Maginot (1877-1932)— que se remonta a 1928.

No solamente cierra la frontera franco-alemana, sino
que también se despliega en parte a lo largo de Bélgica,
de Suiza y de Italia. El objetivo consiste en evitar una
posible invasión alemana o italiana. Sin embargo, las
fortificaciones más importantes se encuentran en
la frontera alemana y, más en concreto, en Alsacia y
Lorena. Aunque existen muchas otras construcciones
de este tipo, ninguna alcanzará el valor simbólico de
la línea Maginot. El ejército francés la considera inex-
pugnable y centra su estrategia en ella. Sin embargo,
en mayo de 1940 se descubrirá que esta fortaleza de
hormigón se ha quedado obsoleta cuando los alemanes
la rodeen para dirigirse hacia las zonas más débiles del
dispositivo francés.

LAS PRIMERAS OFENSIVAS

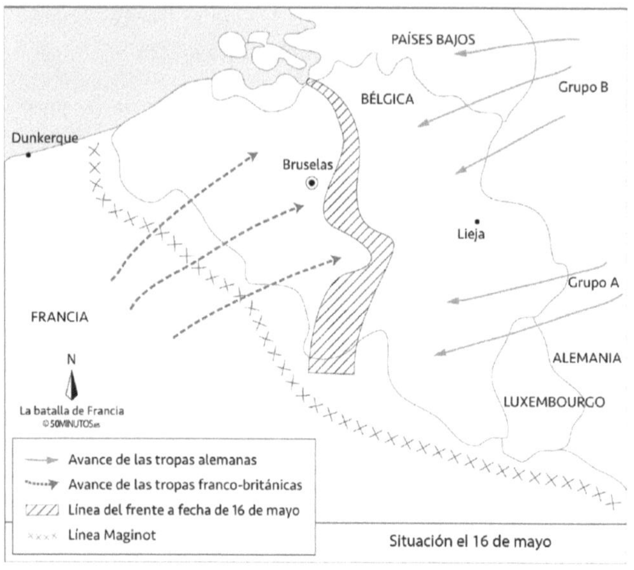

La batalla de Francia comienza el 10 de mayo mediante una ofensiva alemana en Bélgica y en los Países Bajos. Desde el amanecer, soldados alemanes que por primera vez llegan en planeadores conquistan el fuerte belga Eben Emael, que protege Lieja y el paso sobre el Mosa. Al mismo tiempo, los paracaidistas alemanes toman los principales puentes sobre el Rin en los Países Bajos, lo que dificulta el despliegue del ejército neerlandés. Esta violación de la neutralidad de dos países provoca el inicio de la maniobra Dyle-Breda por parte de los Aliados: los ejércitos franco-británicos entran en Bélgica y en los Países Bajos y consiguen detener el avance alemán en territorio belga, en la línea de Sedán-Lovaina. El generalísimo francés Georges Gamelin, convencido de que los alemanes repetirán el plan de ataque de 1914, se muestra satisfecho con las operaciones y confía en que el resultado será positivo.

Sin embargo, mientras las mejores divisiones del ejército francés frenan la avanzadilla del Grupo B en Bélgica, el 13 de mayo las divisiones blindadas de Heinz Guderian derrotan en Sedán al 9.º Ejército francés del general André Georges Corap (1878-1953). A continuación, otras divisiones alemanas cruzan el Mosa a la altura de Monthermé y Dinant, lo que provoca un pánico generalizado entre las filas francesas. La región es invadida por completo el 16 de mayo. El 2.º Ejército del general francés Charles Huntzinger (1880-1941) también es derrotado y los Panzer de Guderian por fin pueden comenzar su incursión hacia el mar del Norte.

La situación también es crítica en los Países Bajos, cuyo ejército capitula el 15 de mayo. El 7.º Ejército del general Henri Giraud (1879-1949), constantemente atormentado por la Luftwaffe, no puede suministrarle la ayuda necesaria.

La avalancha de los Panzer hacia la costa

El Estado Mayor francés intenta frenar el movimiento de los Panzer y sellar la brecha, tal y como hicieron en 1914, por lo que lanza sus divisiones blindadas. Sin embargo, estas se dispersan enseguida. El 17 y el 19 de mayo, interviene por primera vez Charles de Gaulle (1890-1970), ahora coronel, a la cabeza de la 4.ª División acorazada de reserva en la región de Montcornet. Consigue una primera victoria ante los Panzer, pero la división no resiste a la intervención de la Luftwaffe y debe replegarse. La avanzadilla alemana prosigue y caen Amiens y Saint-Quentin. El pánico se apodera aún más del ejército francés, dividido en dos por culpa de la maniobra alemana.

Una columna de blindados Panzer IV atravesando un pueblo francés en mayo de 1940.

Los días 18 y 19 de mayo hay cambios en el Gobierno y en el Estado Mayor francés. El presidente del Consejo, Paul Reynaud, vuelve a llamar a su lado a Philippe Pétain, mientras que el generalísimo Georges Gamelin debe ceder su lugar a Maxime Weygand. Este último todavía cree en que las fuerzas aliadas pueden recuperarse, por lo que ordena a los ejércitos franceses y a la BEF llevar a cabo la ofensiva desde Bélgica y retomar el contacto con el resto de tropas francesas. Por desgracia, su plan se ve arruinado por numerosos retrasos, debidos sobre todo a la desorganización de los ejércitos.

Lord Gort, jefe de la BEF (1886-1946), ataca Arrás el 21 de mayo, pero fracasa ante la 7.ª División blindada de Erwin Rommel (1891-1944). Al día siguiente, el 1.er Ejército francés, al frente del cual se encuentra en un primer momento el general Georges Marie Jean Blanchard (1877-1954) y más tarde el general Georges Catroux (1877-1969), ataca en dirección de Cambrai, pero enseguida se detiene debido a las acometidas de los aviones de combate, que intervienen en grupos de entre 25 y 40. El 24 de mayo, la 2.ª División blindada alemana llega a Calais, frente al océano Atlántico: el «golpe de hoz» se ha culminado con éxito. Las tropas aliadas se ven obligadas a replegarse en Dunkerque mientras que el rey belga, Leopoldo III (1901-1983), capitula con su ejército el 28 de mayo.

EL MILAGRO DE DUNKERQUE

Desde el momento en que los alemanes se abren camino, el Gobierno inglés —al frente del cual se encuentra Winston Leonard Spencer Churchill (1874-1965), que ha reemplazado a Joseph Chamberlain tras la derrota de la Royal Navy en Noruega—, considera la posibilidad de un fracaso. Por ello, Londres decide poner en marcha la Operación Dinamo y el reembarco de la BEF en Inglaterra, que comienza realmente el 28 de mayo y concluye el 4 de junio. Se trata de un verdadero éxito: cerca de 200 000 soldados ingleses y 113 000 soldados franceses son evacuados a Inglaterra. Sin embargo, el éxito de la Operación Dinamo tiene que ver con la decisión de Adolf Hitler y de otros responsables militares alemanes como el general Gerd von Rundstedt, que consiste en detener hasta el 1 de junio al ejército alemán a las puertas de Dunkerque. Solo la Luftwaffe combate contra la Royal Navy, pero su acción se ve perturbada por la intervención de los aviones de caza de la Royal Air Force. Para que el proyecto coseche un éxito rotundo, las divisiones francesas tuvieron que sacrificar algunas unidades que permitieron defender Dunkerque entre el 1 y el 4 de junio.

Sin embargo, desde un punto de vista estratégico, la Operación Dinamo es una derrota para los Aliados:

- la BEF y las tropas francesas que sobreviven han perdido todo su material pesado;
- los alemanes se han hecho con más de 100 000 prisioneros;
- muchos buques de guerra franceses e ingleses han sido destruidos a pesar de la resistencia de la Royal Navy y de la Royal Air Force.

Una vez concluida la operación, el ejército francés se encuentra prácticamente solo frente a la Wehrmacht, con solo algunas divisiones polacas y británicas todavía a su lado.

EL FIN DE LA BATALLA: DE LA OPERACIÓN ROT AL ARMISTICIO

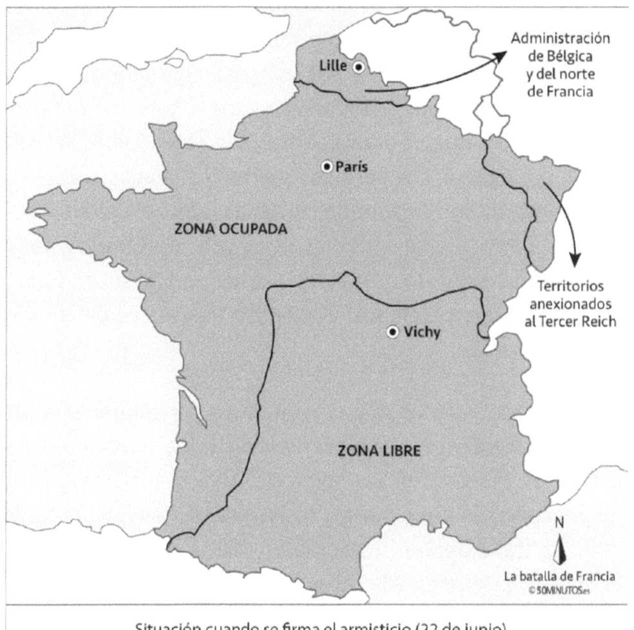

Situación cuando se firma el armisticio (22 de junio)

Así pues, la situación se revela crítica para el ejército francés. Sin embargo, el generalísimo Maxime Weygand no está listo para abandonar, y de hecho trata de reconstruir una línea de defensa sobre el Somme y el Aisne y traer refuerzos de África y de la línea Maginot. Además, lanza contrataques para destruir las cabezas de puente alemanas sobre el Somme. Por su parte, el general Charles de Gaulle vuelve a destacar al frente de la 4.ª División acorazada de reserva durante el contraque de Abbeville (Francia).

Sin embargo, a partir del 5 de junio, las tropas alemanas lanzan su ofensiva sobre el Somme y el Aisne, más conocida como Operación Rot. En ella se enfrentan 143 divisiones a las 71 de las que dispone Maxime Weygand y, tras una defensa heroica de la línea Somme-Aisne, los soldados franceses deben replegarse. Las pérdidas son muy elevadas, y casi 40 000 hombres son capturados. El 14 de junio, el ejército alemán ocupa París, que unos días antes se ha declarado ciudad abierta o, lo que es lo mismo, que se ha rendido sin combate para evitar destrucciones. El ejército francés es derrotado definitivamente.

Las tropas blindadas alemanas rodean rápidamente a los ejércitos franceses que defienden la línea Maginot. Esta última es atacada en la región de Alsacia y Lorena, pero los fuertes más importantes resisten a la ofensiva. El 10 de junio, la Italia de Benito Mussolini, hasta entonces neutra, le declara la guerra a Francia. Los cazas alpinos franceses, aun siendo muy inferiores en número, logran bloquear el ataque italiano en los Altos Alpes y en los Alpes Marítimos. La ofensiva italiana continúa hasta el armisticio del 22 de junio sin lograr grandes progresos y lejos de los objetivos iniciales del Duce.

No obstante, esta victoria no puede ocultar las dimensiones del desastre que sufre un ejército francés destrozado. Las tropas británicas y polacas que aún están en el territorio reembarcan entre el 15 y el 20 de junio. El Gobierno francés busca a partir de entonces una solución para salir del conflicto, pero aparecen tensiones internas:

- por una parte, el presidente del Consejo, Paul Reynaud, está a favor de la capitulación militar, mientras que Philippe Pétain prefiere un armisticio político;
- por otra parte, Paul Reynaud quiere continuar la lucha en el norte de África junto a Gran Bretaña, mientras que Philippe Pétain tiene la voluntad de llegar a un acuerdo con Alemania para detener el conflicto y desea quedarse en Francia.

Finalmente, el mariscal Pétain tiene la última palabra y, tras la dimisión de Paul Reynaud, se hace con el poder el día 15. La petición de armisticio se envía el 17 de junio, fecha en la que Charles de Gaulle se marcha a Londres, donde pronunciará su célebre llamamiento del 18 de junio. Esto no supondrá un obstáculo para la firma del armisticio el 22 de junio en Rethondes, en el mismo vagón en el que se había firmado el armisticio del 11 de noviembre de 1918. Dos días más tarde, el armisticio de Villa Incisa pone fin al conflicto con Italia.

Unidos para vencer a Alemania. Así pues, el general rechaza el armisticio y desea que se unan a su causa todos los militares franceses presentes en Gran Bretaña. Sin embargo, a pesar de que hoy en día el llamamiento del 18 de junio es considerado un símbolo de la Resistencia, lo cierto es que fueron pocos los franceses que lo escucharon aquel día.

Los términos del armisticio son duros:

- la mitad norte de Francia —París incluida— así como toda su fachada atlántica está ocupada por el ejército alemán;
- Alsacia y Lorena y los cantones del este en Bélgica se anexionan al Tercer Reich;
- Bélgica, los Países Bajos y Luxemburgo se ponen bajo control militar alemán.

Por lo tanto, Francia se resume a una zona libre meridional, que pronto se conoce como régimen de Vichy. Ahora solo cuenta con un ejército de 100 000 hombres y debe someterse a las exigencias de Alemania.

La batalla de Francia supone la mayor derrota del ejército francés. Este desastre puede explicarse por la debilidad del plan de batalla aliado, pero sobre todo por las carencias de los ejércitos francés y británico:

- la maniobra Dyle-Breda es demasiado compleja e impide que las fuerzas francesas puedan disponer de sus reservas;
- el ejército blindado y la aviación francesa son de gran

calidad, pero no se emplean de manera apropiada;
- los Aliados diseminan sus tanques y su aviación a lo largo de todo el frente, lo que reduce a cero la potencia de fuego de estas armas; los alemanes, sin embargo, concentran sus Panzer y su aviación en un solo punto ofensivo.

Por otra parte, el ritmo desenfrenado de la *Blitzkrieg* sorprende a la mayor parte del Estado Mayor aliado e impide cualquier respuesta. Así pues, los ejércitos aliados son derrotados en 1940 por una Alemania superior en términos de estrategia militar.

REPERCUSIONES DE LA BATALLA

El triunfo militar de Alemania es absoluto. La Wehrmacht sufre pocas bajas —muchas menos de las que esperaba su propio Estado Mayor— y vence a los cuatro ejércitos aliados que se enfrentan a ella. Ahora cuenta con ricas regiones industriales en Bélgica, en los Países Bajos, en Luxemburgo y en el norte de Francia, así como con material militar aliado que ha podido recuperar. Sin embargo, la aviación y la Marina alemanas salen debilitadas de las batallas de Francia y de Noruega, lo que tendrá repercusiones en la continuación del conflicto.

A medio y largo plazo, el fin de la batalla de Francia trae consigo dos grandes transformaciones:

- por un lado, Gran Bretaña, privada del apoyo francés, se encuentra sola ante la codicia de alemanes e italianos;
- por otro lado, la conquista alemana de Bélgica, los Países Bajos, Luxemburgo y la mitad del territorio francés marca el inicio de la colaboración y de la Resistencia.

EL AISLAMIENTO DE INGLATERRA

Tras el armisticio de Rethondes, el ejército francés desaparece de los campos de batalla. Por consiguiente, Gran Bretaña se encuentra sola ante Alemania, y de los ejércitos derrotados por el Tercer Reich solo quedan un puñado de tropas que le sirven de poca ayuda a Winston Churchill. Además, Alemania controla bases aéreas y navales a lo largo del océano Atlántico y en el mar del Norte, lo que convierte a la isla en un objetivo fácil para la Luftwaffe, y también para un posible desembarco alemán. Sin embargo, Londres no está preparado para tirar la toalla: Inglaterra cuenta con su flota, con la colaboración de los países de la Commonwealth y con la ayuda logística de los Estados Unidos —en esta época aún neutros— para detener y vencer a las tropas de Adolf Hitler. Por ello, Churchill rechaza las ofertas de paz alemanas, aleja a los pacifistas de su Gobierno y le promete al pueblo británico la victoria, pero también «sangre, sudor y lágrimas» (Loza Aguerrebere 2014).

La ofensiva alemana no se hace esperar. En el mar, los navíos de guerra atacan convoyes ingleses presentes en el océano Atlántico para impedir la llegada de provisiones a Gran Bretaña y forzar su capitulación. Sin embargo, Alemania comienza a prepararse realmente para un desembarco en agosto. Mientras que los ejércitos alemanes se concentran en Francia y en los Países Bajos, la Luftwaffe comienza una ofensiva aérea para destruir a la Royal Air Force, el último salvavidas del ejército británico.

La batalla de Inglaterra, que termina en agosto, marca un punto de inflexión en la Segunda Guerra Mundial: por primera vez, la Luftwaffe de Hermann Goering ha sido derrotada y ha sufrido importantes pérdidas. Los caza ingleses han abatido más de 2000 aviones de combate y bombarderos alemanes, lo que provoca la anulación del desembarco alemán.

Además, la Wehrmacht tiene que acudir a socorrer al ejército italiano, que atraviesa dificultades en ese momento: Benito Mussolini se ha deshecho de la amenaza francesa en Túnez y ordena a los ejércitos italianos estacionados en Libia partir a la conquista de Egipto, un país ocupado por el ejército británico. Sin embargo, la campaña se cierra con un desastre para los italianos, que se ven obligados a renunciar a una gran parte de Libia y abandonar a numerosos prisioneros ante un ejército numéricamente muy inferior. Los combates entre la flota italiana y la Royal Navy en el Mediterráneo le dan una amplia ventaja a esta última, sobre todo gracias a la operación aérea de Tarento y a la batalla del Cabo Matapán (extremo meridional de Grecia). A pesar de estos éxitos, la situación de Gran Bretaña sigue siendo crítica, puesto que la Luftwaffe no deja de acosar la isla y, durante la primavera de 1941, ataca las ciudades inglesas. Habrá que esperar al mes de junio de 1941 y a la invasión de la URSS por parte de la Wehrmacht para que los ataques aéreos cesen y Gran Bretaña pueda darse un respiro.

LOS INICIOS DE LA COLABORACIÓN Y DE LA RESISTENCIA

La victoria del Tercer Reich trae consigo importantes cambios políticos en los países vencidos. En los Países Bajos, la reina Guillermina (1880-1962) y su Gobierno huyen a Londres el 14 de mayo; en Bélgica, aunque el rey Leopoldo III decide quedarse en el país, el Gobierno del primer ministro Hubert Pierlot (1883-1963) también se exilia a Londres. Por lo tanto, la administración militar alemana gobierna en ambos países apoyándose en las estructuras administrativas aún vigentes, además de en grupos o movimientos cercanos a la doctrina nacionalsocialista.

En los Países Bajos, el líder fascista Arthur Seyss-Inquart (1892-1946) se hace con las riendas del país a la cabeza de su partido, el Movimiento Nacional Socialista (NSB). En Bélgica, algunos aprovechan la victoria alemana para cambiar el régimen democrático belga, como la Unión Nacional Flamenca (VNV) de Jeroom Gustaaf de Clercq (1884-1942), el DeVlag de Fredegardus Jacobus Josephus van de Wiele (1903-1979) o el partido Rex de León Degrelle (1906-1994). Aunque estos movimientos no persiguen los mismos objetivos ni comparten una misma ideología, todos están dispuestos a colaborar con el Tercer Reich para lograr sus objetivos y, para ello, no les tiembla el pulso a la hora de enviar a campos de trabajo a cientos de miles de sus conciudadanos. Además, miles de seguidores de estos partidos son reclutados en las divisiones de las SS en la URSS, y serán pocos los que regresarán una vez finalizada la guerra.

La Resistencia se desarrolla como una respuesta a esta situación. En los Países Bajos y en Flandes, la resistencia es al principio pasiva, al contrario de lo que ocurre en Valonia y en Bruselas, donde la población detesta al movimiento Rex, sobre todo después de que Léon Degrelle afirmara en sus discursos que los valones pertenecen al pueblo ario. En términos generales, el pueblo belga, holandés y luxemburgués se opone a la colaboración con la Alemania nazi, a pesar de que al principio no actúen. Con todo, los movimientos de resistencia se refuerzan tras las primeras derrotas de la Wehrmacht.

LA SITUACIÓN EN FRANCIA

En la zona francesa libre, el mariscal Philippe Pétain se pone a la cabeza del Gobierno de Vichy, un nuevo régimen marcado por la heterogeneidad de sus miembros que reemplaza a la III República y a la que, debido a su decadencia, se la considera responsable de la derrota militar. El Gobierno muestra desde el principio su voluntad de colaborar con las autoridades alemanas. El mariscal Philippe Pétain se reúne enseguida con el Führer en Montoire y, a finales de 1941, se decretan leyes antisemitas. Asimismo, el Estado corta todo contacto diplomático oficial con Gran Bretaña y, cuando se produzca la invasión de la URSS, aportará una legión de soldados voluntarios llamada LVF (Legión de Voluntarios Franceses) para luchar junto a las tropas alemanas. Más tarde, se convertirá en la División Charlemagne, que combatirá bajo la bandera de la SS.

A partir de 1943, también se pone en marcha la Milicia, comandada por Joseph Darnand (1897-1945) que tiene por objetivo luchar contra los maquis de los resistentes franceses. Combate con una excepcional agresividad, pero a algunos admiradores de Adolf Hitler en París la política colaboracionista de Vichy les sigue pareciendo demasiado moderada. En concreto, a Jacques Doriot (jefe del Partido Popular Francés, 1898-1945) y a Marcel Déat (jefe de la Unión Nacional Popular, 1894-1955), que desean una colaboración plena con Alemania y el establecimiento de un régimen fascista en Francia similar al que está en marcha en Alemania y en Italia. El pueblo francés se mantiene fiel a Philippe Pétain durante un tiempo, pero no se suma a ninguno de estos dos partidos extremistas: la Resistencia gana terreno progresivamente en Francia.

Con todo, existe otra Francia, la Francia Libre, que nace tras el armisticio de Rethondes y que está encarnada por el general Charles de Gaulle, que se niega a la creación del Gobierno de Vichy y que intenta que las colonias francesas de África Central se unan a los Aliados, obteniendo un éxito aceptable. Aunque el peso de la Francia Libre es marginal tanto a nivel político como en el campo de batalla, lo cierto es que permite que la III República subsista. Por lo tanto, todos los movimientos de resistencia franceses se posicionan a favor de Charles de Gaulle.

Así, la batalla de Francia y la victoria de Alemania sumergen a Europa continental en un verdadero caos político y estructural. Para los admiradores de Adolf Hitler, convencidos de la victoria alemana, ahora todo parece posible. Para la población europea, y especialmente para la comunidad judía, es el comienzo de una larga pesadilla llena de privaciones, violencia, detenciones arbitrarias y deportaciones forzosas a campos de concentración y de exterminio alemanes. Europa occidental no logrará liberarse de la ocupación alemana hasta más de cinco años después.

EN RESUMEN

1940

10 may.: invasión de Bélgica,
los Países Bajos y Luxemburgo

15 may.: capitulación de los Países Bajos

24 may.: los alemanes llegan a Calais

28 may.: capitulación de Bélgica

5 jun.: los alemanes lanzan
la Operación Rot

14 jun.: el ejército alemán entra en París

15 jun.: Philippe Pétain se pone
a la cabeza del Gobierno

18 jun.: Charles de Gaulle hace
un llamamiento a la resistencia

22 jun.: fin de la batalla de Francia

- Los orígenes de la batalla de Francia, considerada la segunda operación terrestre más importante de la Segunda Guerra Mundial, se remontan a la firma del Tratado de Versalles en 1919, que pone a Alemania en una situación crítica y acaba con su imperio.

- Alemania decide vengarse de esta humillación y busca expandirse de nuevo. Aunque supone una amenaza cada vez mayor, Francia y Gran Bretaña no reaccionan directamente, ya que quieren evitar a toda costa el estallido de un nuevo conflicto.

- El 1 de septiembre de 1939, Alemania lanza con éxito su campaña de invasión de Polonia, que marca el inicio de la Segunda Guerra Mundial.

- Mientras que en el frente franco-alemán ambos bandos

se han atrincherado tras su sistema de fortificación, en el norte de Europa se desencadenan muchos conflictos y rápidamente se produce la invasión de dos países neutros: Dinamarca y Noruega.

- El 10 de mayo, Alemania invade Bélgica, los Países Bajos y Luxemburgo, lo que precipita la entrada en el conflicto de Francia y Gran Bretaña. Su objetivo es simple: frenar a Adolf Hitler y destruir su régimen nacionalsocialista para garantizar la seguridad en Europa.
- La situación de los ejércitos aliados es desesperada desde los primeros días de la ofensiva. Los blindados de Heinz Guderian logran atravesar el Mosa y, el 24 de mayo, los alemanes llegan al mar del Norte: el «golpe de hoz» ha sido todo un éxito y las tropas aliadas se han visto obligadas a replegarse en Dunkerque.
- Aprovechando un momento de calma, cientos de miles de soldados franceses e ingleses son evacuados a Gran Bretaña, dejando a Francia prácticamente sola frente a Alemania.
- A partir del 5 de junio, las tropas alemanas inician la ofensiva del Somme y del Aisne, que consume las últimas fuerzas del ejército francés, que es derrotado definitivamente.
- El mariscal Pétain se pone a la cabeza del Gobierno el 15 de junio y pide enseguida el armisticio, mientras que el general Charles de Gaulle se marcha a Londres.
- El 22 de junio, Francia y Alemania firman el armisticio en Rethondes. Las condiciones son duras para Francia, que pierde Alsacia y Lorena y que verá cómo su mitad norte es ocupada por la Wehrmacht.
- En los países ocupados por Alemania crece poco a

poco una resistencia lista para combatir al invasor. Sin embargo, habrá que esperar más de cinco años para que Europa occidental sea liberada.

PARA IR MÁS ALLÁ

FUENTES BIBLIOGRÁFICAS

- Arzalier, Jean-Jacques. 2001. "La campagne de mai-juin 1940. Les pertes?". En *La campagne de 1940. Actes du colloque du 16 au 18 novembre 2000.* Dirigido por Christine Levisse-Touzé. París: Tallandier.
- Bauer, Eddy. 1973. *La dernière guerre ou Histoire controversée de la Deuxième Guerre mondiale*, tomos 2 y 3. París: Grange Batelière.
- Bauer, Eddy. 1984. *Les terribles journées de mai 1940.* Glarus: Christophe Colomb.
- Beaufre, André. 1965. *Le drame de 1940.* París: Plon.
- Benoist-Méchin, Jacques. 1981. *Soixante jours qui ébranlèrent l'Occident.* París: Robert Laffont.
- Ciano, Galeazzo. 1964. *Journal politique 1939-1943*, tomo 1. Neuchâtel: Éditions de la Baconnière.
- Duroselle, Jean-Baptiste. 1982. *Politique étrangère de la France. L'abîme. 1939-1944.* París: Imprimerie nationale.
- Frieser, Karl Heinz. 2003. *Le Mythe de la guerre éclair. La campagne de l'Ouest de 1940.* París: Édition Belin.
- Goutard, Alphonse. 1956. *La guerre des occasions perdues.* París: Hachette.
- Kershaw, Ian. 2009. *Choix fatidique. Dix décisions qui ont changé le monde. 1940-1941.* París: Éditions du Seuil.
- Canal Académie. Les Académies et l'Institut de France sur Internet, "L'autre appel du 18 juin 40, celui de Churchill". Consultado el 3 de marzo de 2017. http://www.canalacademie.com/ida5039-L-autre-appel-du-18-

juin-40-celui-de-Churchill.html
- Lormier, Dominique. 2000. *Histoire de la France militaire et résistante. 1939-1942*. París: Éditions du Rocher.
- Loza Aguerrebere, Rubén. 2014. "Sangre, sudor y lágrimas". *El País*. Consultado el 3 de marzo de 2017. http://www.elpais.com.uy/opinion/sangre-sudor-lagrimas.html
- Santamaria, Yves. 1998. *1939, le pacte germano-soviétique*. Bruselas: Éditions Complexe.
- Vallaud, Pierre. 2002. *Témoins de l'Histoire. La Seconde Guerre mondiale*. París: Éditions Acropole.

FUENTES COMPLEMENTARIAS

- Alain, Jean-Claude. 1991. "Le nouvel ordre international et l'Europe de Versailles". En *La Première Guerre mondiale*. Dirigido por Paul-Marie de La Gorce. París: Flammarion.
- Carrier, Richard. 2008. "Réflexions sur l'efficacité militaire de l'armée des Alpes, 10-25 juin 1940". *Revue historique des armées*, n.° 250, 85-93.
- Krumeich, Gerd. 1999. *Le traité de Versailles vu d'Allemagne*. París: L'Histoire.
- Lormier, Dominique. 2010. *La bataille de France jour après jour. Mai-juin 1940*. París: Le Cherche Midi.
- Ragache, Gilles. 2010. *La fin de la campagne de France*. París: Économica, colección *Campagnes & Stratégies*.
- Richardot, Jean-Pierre. 2009. *100 000 morts oubliés. La bataille de France 10 mai-25 juin 1940*. París: Le Cherche-midi.
- Soudagne, Jean-Pascal. *L'histoire de la ligne Maginot*. Rennes: Éditions Ouest-France, colección *Histoire*.

- Vanwelkenhuyzen, Jean. 1995. *1940. Pleins feux sur un désastre*. Bruselas: Éditions Racine.
- Vernert, Jacques. 2010. "La bataille de la Somme". En *Mai-juin 1940. Défaite française, victoire allemande, sous l'œil des historiens étrangers*. Dirigido por Maurice Vaisse. París: Autrement.

FUENTES ICONOGRÁFICAS

- Fotografía de Gerd von Rundstedt. © Bundesarchiv.
- Fotografía de Heinz Guderian. © Bundesarchiv.
- Fotografía de Maxime Weygand. La imagen reproducida está libre de derechos.
- Una columna de blindados Panzer IV atravesando un pueblo francés en mayo de 1940. © Bundesarchiv.

PELÍCULAS Y DOCUMENTALES

- *La Bataille de France*. Dirigido por Jean Aurel. Francia: Zodiac Films, 1964.
- *Week-end à Zuydcoote*. Dirigida por Henri Verneuil, con Jean-Paul Belmondo, Jean-Pierre Marielle y François Périer. Francia e Italia: Paris Film Productions e Interopa Film, 1964.
- *La Bataille d'Angleterre*. Dirigida por Guy Hamilton, con Michael Caine, Trevor Howard y Curd Jürgens. Gran Bretaña: 1969.
- *La Bataille de France*. Dirigido por Daniel Costelle. Francia: 2001.

MUSEOS Y EDIFICIOS CONMEMORATIVOS

- El fuerte Eben Emael, Bélgica.
- El fuerte de Schoenenbourg, fortificación de la línea Maginot en Alsacia, Francia.
- El Memorial de la Francia combatiente, en Suresnes, Francia.
- El Museo de Historia Militar de Lyon y su región, en Lyon, Francia.
- El Museo de la Batalla del Escaut, en Flines-lez-Mortagne, Francia.
- El Museo de la Batalla de mayo-junio 1940, en el molino de Waroux-Semuy, Francia.